Que ferais-je du jour

Martine Audet

Lithographies de Daniel Sylvestre

la courte échelle
Les éditions de la courte échelle inc.

Les éditions de la courte échelle inc.
5243, boul. Saint-Laurent
Montréal (Québec) H2T 1S4

Directrice de collection:
Sylvie Massicotte

Direction artistique:
Daniel Sylvestre

Conception graphique:
Elastik

Mise en pages:
Mardigrafe inc.

Révision:
Lise Duquette

Dépôt légal, 2e trimestre 2003
Bibliothèque nationale du Québec

Copyright © 2003 Les éditions de la courte échelle inc.

Les lithographies qui accompagnent les poèmes
sont des détails tirés des œuvres de Daniel Sylvestre.

La courte échelle reconnaît l'aide financière du gouvernement du Canada
par l'entremise du Programme d'aide au développement de l'industrie de
l'édition pour ses activités d'édition. La courte échelle est aussi inscrite au
programme de subvention globale du Conseil des Arts du Canada et reçoit
l'appui du gouvernement du Québec par l'intermédiaire de la SODEC.

La courte échelle bénéficie également du Programme de crédit d'impôt
pour l'édition de livres — Gestion SODEC — du gouvernement du
Québec.

Données de catalogage avant publication (Canada)

Audet, Martine

   Que ferais-je du jour

   ISBN 2-89021-621-7

   I. Sylvestre, Daniel. II. Titre.

PS8551.U374Q4 2003   jC841'.54   C2003-940613-X
PS9551.U374Q4 2003
PQ3919.2.A92Q4 2003

*Les extraits des poèmes d'Anne Hébert (*Sous la pluie, *tiré de* Le tombeau des rois, Boréal*) et de Paul-Marie Lapointe (*Coltrane, *tiré de* Espèces fragiles, *éditions de l'Hexagone) ont été utilisés avec l'aimable autorisation de leurs maisons d'édition respectives.*

Que ferais-je du jour

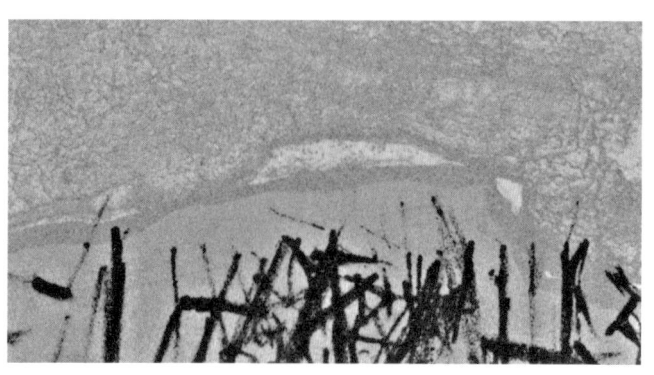

À Maryse et Roger

*Pour Danaé et Savannah-Lou,
un jour...*

Nous ne sommes pas des échelles
pour nous appuyer contre un arbre
ou une clôture
mais sans appui
quand parfois je trébuche
je braque mon regard
comme un télescope
vers la nuit admirable
où percent les infinis
nécessaires
à ma voix

Qu'est-ce que j'entends ?
qu'est-ce que j'écoute ?

des mots se jettent
dans ma tête

un tumulte d'oiseaux

des vents
de toutes sortes

Je fais de petits trous
dans le désordre
de ma tête
et tire l'eau des nuages

pluie pluie
lente lente pluie*
comment appeler l'éclat
de ce qui est ?

comment ne tendre
qu'à la clarté
de ta voix ?

* Anne Hébert

Mal éclairée
ma table ressemble à une table
et les heures restent
où elles sont

ai-je oublié le poids heureux
d'une pierre
dans ma poche ?

l'écho d'une musique
entre le monde
et moi ?

mon cœur
te tiens-tu
toujours droit ?

Si grand le ciel

le jour s'échappe

on entend froisser ses ailes*
avant qu'il se pose
avec mes yeux
en équilibre
sur tes yeux

* Hector de Saint-Denys-Garneau

Le soleil est là
soudain
un trop-plein du ciel
une éclaboussure

je remonte les heures
par-dessus ma tête

par où rejoindre un rêve ?

J'ai ce pied au fond du cœur
qui écrase les mots durs
comme des noix

immobile ou joyeux
il me devance
chaque fois

me mène-t-il partout ?
va-t-il nulle part ?

je n'ai rien
dans les pieds

Je laisse la nuit
renverser ma chambre

l'espace
une large blessure
me reste dans les mains

que ferais-je du jour
s'il venait à passer ?

je me penche pour voir

je dis que je n'ai peur de rien

je ne reconnais pas ma voix

Dans le tiroir des heures
je dépose côte à côte
un grain et l'immensité

la lueur d'une lampe glisse
sous ma porte

je retourne à la fenêtre

je n'ai pensé à personne

Je remarque l'effort du bleu
sous la neige

maintenant les vieilles boîtes du sommeil
s'entassent dans un coin

sans bruit
j'invente un geste

la nuit tient à peine

Où sèche une larme
le regard s'immobilise

s'y trouve-t-il bien ?

c'est une respiration des pierres
et du chagrin
qu'il ne faut pas rompre

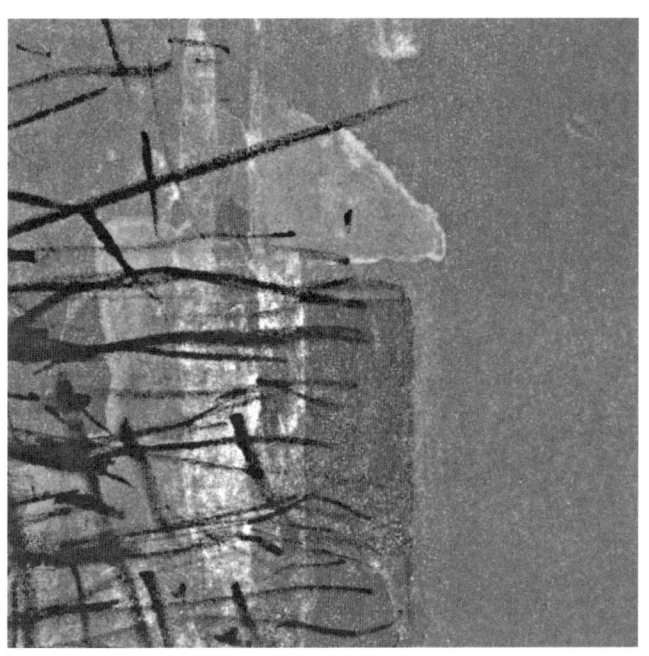

Ce n'est pas si terrible
un jour vide

d'abord
et le plus soigneusement du monde
je fais l'expérience du rien

puis j'enfile autour de mes poignets
les images de ce qui manque
ou me plaît

mon cœur
je l'ai posé du côté du miroir

il reflète
les coups d'œil
que parfois tu lui jettes

L'œil ramasse en tas
les merveilles

rêve tout haut
à ce qui se tait

tu arranges les voitures
qui continuent de passer

il faudrait des arbres

viendront-ils ?

Sous la fumée d'oiseaux
un coin cassé de ciel

tu as faim
tu as froid

respire
avale-moi comme une flamme
et prépare les musiques
(*des chaînes d'or d'étoile à étoile**)

je suis proche d'un paysage invisible
qui tient tête à ma chambre
afin que le plus beau
de ce que je connais
de ce que j'ignore
s'ouvre d'un coup

* Arthur Rimbaud

Soufflant sur la douleur
d'un instant fin
comme un cheveu
tu soulèves une voix

un peu de cette vie
où j'aimerais
devenir vie

un peu de cette mort
son souci brûlant

qui change de lumière
doit-il changer d'ombre ?

Une fine buée attrape les étoiles
la noirceur qui s'y cache

j'appuie mon front
contre la vitre

des feuilles ou de l'oiseau
peu importe
qui danse

l'envers est l'endroit
un regard ébloui

Sur ton épaule
un ciel aminci
mais très bleu

je relis la lumière
sur les murs de la ville

peut-être me dis-tu
quelque chose

j'y pense souvent

Le jour
j'apprends à bien le tendre

je ne compte pas le temps qu'il faut
mais parfois il se rompt net
et je le rattrape de justesse

les nuits
je les réveille avec douceur
pour ne pas qu'elles disparaissent
et leur parle longuement
du mystère qui émerge
à l'intérieur de ta main
comestible petite fleur
petite fleur arrachée
à mesure que le jour
regagne en hauteur

Quand je ne sais où mettre le pied
le vent enfile mon manteau
et répliquant aux ombres
sur le sol
il tourne
me retourne
rage refuse et rêve*
jusqu'au vibrant éclair
d'un bond

d'une pensée

* Paul-Marie Lapointe

Lorsque je marche
cette grande chose
un peu tordue
un peu terrible
avec ses sacs de ratures
ses couleurs somnambules
m'accompagne d'un sourire
dans le reflet des vitrines
où des nuages
qui ne représentent rien
passent
avant de disparaître

l'univers n'est pas ce que j'imagine

il taille le verre coupant
d'un poème

Rouleaux de ciels fleuris
rayés
pilou
organdi
pêle-mêle
dans des cartons
sortis du temps

mille mille kilomètres de lumière
(la ville nous cache tant de choses)

et ces papiers rêveurs
quand je ne sais pas très bien
qui je suis

j'emplis mes mains d'objets trouvés

les ombres circulent plus librement

Avec des yeux
au fond de moi
je peux esquisser un pas
solide
parfait
qui morcelle l'air
avant de tout remettre en place

l'amour est de vent nu

ma voix devient ma voix

L'odeur des feuilles
quand la pluie hésite
ici
ailleurs
les nuages qui filent
sans déguisement

malgré l'arbre ou le rêve
ce que j'ajoute n'existe pas

c'est une main
sur la tête des oiseaux

c'est un vent qui efface
et recommence

Au-dedans
le zéro
du dehors

imagines-tu l'espace
entre mes os ?

le voyage
que je peux y faire
libre
comme une parole
qui s'invente ?

Entre la chaise et mes rêves
j'essaie d'entendre tomber la neige

son obscurité
suspendue suspendue
presque vive

et mon cœur si rapide
qu'il ne peut m'arrêter

**Parus à la courte échelle,
dans la collection Poésie:**

L'ourse
de Rachel Leclerc

Voyages autour de mon lit
d'Élise Turcotte

Les mots secrets
de Louise Dupré

Du haut de mon arbre
de Serge Patrice Thibodeau

Ni vu ni connu
de Louise Desjardins

Le verbe cœur
de Roger Des Roches

Que ferais-je du jour
de Martine Audet

Si tu allais quelque part
de Paul Chanel Malenfant

La fille orange
de Germaine Mornard

Achevé d'imprimer
sur les presses de Litho Acme inc.